ALGÉRIENNES

(ACTUALITÉS)

PAR

THÉODORE BLANCARD

PUBLICISTE

———※———

PARIS

CHALLAMEL ET CIE, ÉDITEURS

LIBRAIRIE COLONIALE

5, RUE JACOB, ET RUE FURSTENBERG, 2

—

1888

QUESTIONS
ALGÉRIENNES
(ACTUALITÉS)

PAR

THÉODORE BLANCARD

PUBLICISTE.

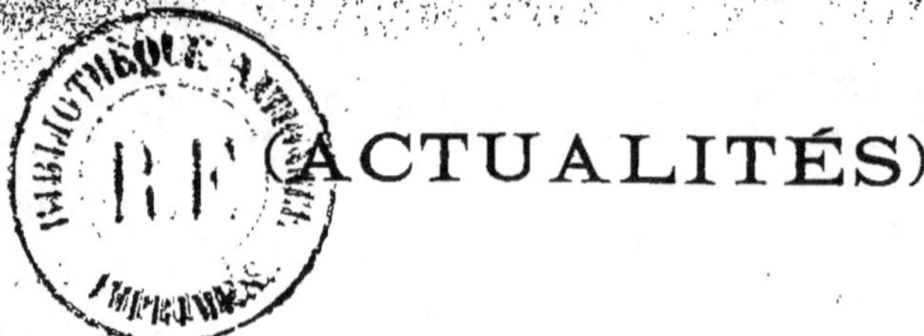

PARIS

CHALLAMEL ET Cⁱᵉ, ÉDITEURS

LIBRAIRIE COLONIALE

5, RUE JACOB, ET RUE FURSTENBERG, 2

—

1888

TYPOGRAPHIE FIRMIN-DIDOT. — MESNIL (EURE).

QUESTIONS ALGÉRIENNES

L'Algérie n'est plus aujourd'hui cet embryon de colonie que l'on se plaisait, il y a quelques années, à ne considérer que comme un gros embarras pour la métropole. N'eût été sa magnifique situation stratégique qui fait presque de la Méditerranée occidentale un lac français, nous eussions certainement assisté au triomphe des prêcheurs d'abandon, race fort heureusement disparue de nos assemblées parlementaires.

L'Algérie marche rapidement dans une voie prospère ; sa production augmente, et ses relations commerciales, avec la France comme avec l'étranger, prennent d'année en année une plus grande extension. Les chiffres graduellement importants de ses importations et de ses exportations sont des preuves irrécusables de la prospérité que semble lui réserver l'avenir. Ce grenier de Rome, on l'a dit et nous le croyons sans peine, deviendra aussi celui de la France entière. Tous nos ports de commerce se ressentent de ces heureux résultats, et Marseille, Cette, par exemple, pour ne citer que ces deux centres, verraient beaucoup de leur activité décroître si, par un hasard impossible, ils se voyaient tout à coup privés des relations du négoce suivi qu'ils entretiennent actuellement avec notre colonie transméditerranéenne.

A quelque chose malheur est bon, dit un proverbe. L'échec qu'elle a éprouvé au sujet des 50 millions, refusés par les chambres, n'a nullement entravé son essor ; tout au plus cet échec a-t-il retardé quelques travaux qui n'en seront pas moins exécutés sous peu.

Par cette épreuve, l'Algérie a appris qu'il lui fallait ne compter désormais que sur elle-même et pourvoir par conséquent à sa propre vitalité.

L'Algérie, nous en sommes persuadé, saura non seulement se suffire, mais aussi, et dans un temps peu éloigné, elle pourra offrir à la métropole de précieuses compensations. Ce qu'elle demande, et ce qu'on ne saurait lui refuser en toute confraternité jusqu'à cette époque, ce sont tout simplement des encouragements et des lois qui ne tendent pas à l'exclure de sa connexion avec la mère patrie.

Ces encouragements ne lui manqueront pas, car petit à petit le vide se fait au Parlement autour de ceux qui ne voient, dans notre possession de l'Algérie qu'une mission exclusivement humanitaire à remplir. Si tel a été le premier mobile, si tel il subsiste, là ne doit pas se borner notre action. A la mission humanitaire à remplir vient se joindre celle non moins complexe de peupler et de faire produire le sol. Des progrès réels et si vastes ont été faits dans ce sens que l'Algérie est bien près de posséder son autonomie budgétaire comme chacun de nos départements français et au même titre.

L'ASSIMILATION DES INDIGÈNES.

I.

Bien que nous croyions devoir déclarer à l'avance que toutes nos sympathies sont acquises aux colons algériens, de même nous ne montrerons aucune animosité ou mauvais vouloir contre les indigènes, dont un grand nombre sont dignes de toute notre sollicitude, et le sont d'autant plus qu'ils se trouvent au lendemain d'un fait qui a produit chez eux la désagrégation de leur ordre politique, social et intellectuel.

En un mot, et c'est là la conclusion de tout ce qui pourrait être dit sur ce sujet : — les colons doivent être soutenus et les indigènes encouragés par toutes sortes de ménagements.

C'est cette maxime que l'administration algérienne doit s'efforcer de mettre en pratique par un choix aussi intelligent qu'éclairé d'administrateurs et de fonctionnaires connaissant la colonie, la langue autant que faire se peut, et surtout et principalement ce qu'il faut réprimer, tolérer ou respecter chez les populations soumises à leur juridiction.

L'assimilation des indigènes est une des questions qui passionnent le plus vivement la population française de l'Algérie. Elle se détache nettement d'une autre avec laquelle on se plaît, par ignorance, à la confondre : la naturalisation.

L'assimilation est-elle possible sans la naturalisation, et *vice versa?* Voilà ce qu'il importe de savoir et ce dont nous nous occuperons plus loin, nous réservant de ne traiter ici que la question de l'assimilation.

Il y a pour et contre l'assimilation des montagnes de dossiers dans lesquels, on doit l'avouer, le sens commun paraît occuper fort peu de place. Mais si nous comprenons l'ardeur infatigable que mettent nos colons français dans cette discussion, en revanche nous comprenons difficilement la thèse des assimilateurs à outrance.

M. Leroy-Beaulieu s'est échafaudé de l'autre côté de la Méditerranée une notoriété que nous ne lui envions pas à défendre *per fas et nefas*, c'est-à-dire contre tous et quand même, ce que lui et les siens appellent ingénieusement les droits imprescriptibles. Aller trop loin dans cette voie, humanitaire sans doute, de l'accommodement serait, à notre avis, un acte des plus impolitiques.

Heureusement, toute la presse algérienne est d'accord sur ce point que l'assimilation est impraticable.

Impraticable! et pourquoi?

Pour une infinité de causes, au nombre desquelles nous nous bornerons à citer la divergence de religion et la différence de race.

La différence qui existe entre les Européens et les races hétérogènes qui peuplent l'Algérie, la lacune qu'elle crée pourrait être comblée par suite d'un contact long et continu; mais la religion, la religion musulmane s'entend, est un obstacle infranchissable contre lequel viendront échouer tous nos efforts et s'émousser toutes nos tentatives. Le reste ne serait rien, mais la religion, elle seule, s'opposera toujours sinon à un rapprochement, du moins à l'assimilation complète, ce rêve de cerveaux généreux. On façonnerait plutôt une nation tout d'une pièce que d'assimiler tant soit peu un peuple dont la religion sert de guide à toutes les actions. Bien qu'imparfait, et c'est là ce qui provoque l'obstacle, le Koran n'est pas autre chose qu'un code des plus complets qui, dès la naissance d'un croyant, le conduit pour ainsi dire par la main jusqu'au tombeau. Nourriture, vêtements, sommeil, guerre, prière, aumône, législation, provocation à la haine, etc., tout y est inscrit d'une façon immuable, et l'on sait si les musulmans sont, sur ce point, de fidèles observateurs; — leur foi est intransigeante.

Vers les premiers temps de notre conquête, un publiciste disait : « Si l'empire musulman est un empire usé, qu'on le re- « garde pour ce qu'il est; la gloire fait vieillir, et les musulmans « ont eu beaucoup de gloire. Maintenant, c'est en les laissant « barbares qu'on les laissera quelque chose; barbares, avec leurs « préjugés; barbares, avec leurs vertus. Les civiliser, c'est tra- « vestir leur vieille originalité; c'est les efféminer, les gâcher, les « anéantir. Islamisme et civilisation sont des choses qui hurlent « de se voir réunies; elles se dévorent l'une l'autre ; elles n'exis- « teront jamais ensemble (1). »

Est-ce à dire que nous partageons d'une façon absolue l'idée de ce publiciste, idée trop malheureusement répandue en France ? non. Mais au fond il y a du vrai, beaucoup de vrai, et il y a plus, il y a l'obstacle insurmontable que nous signalions plus haut.

Mais, direz-vous, les religions ne sont généralement pas un obstacle à la fusion des peuples, au mélange des races. Comment se fait-il que les doctrines de Mohammed soient si sauvages qu'elles ne puissent vivre en parfaite harmonie à côté d'autres? Le christianisme, par exemple, ne s'acclimate-t-il pas partout où il s'implante ?

Nous répondrons : Sans doute, et c'est ainsi que la religion juive ne s'est nullement trouvée atteinte ni dépréciée par la naturalisation des Israélites algériens. Et nous-mêmes, en France, ne vivons-nous pas en d'excellents termes, coude, à coude avec les croyances les plus disparates?

Eh bien, avec la religion musulmane il est impossible de s'entendre, quand bien même ses pratiquants en auraient le plus vif désir. On pourrait peut-être, dans ce cas, pousser l'assimilation jusqu'à une certaine limite, mais elle ne sera jamais entière, absolue.

Les Prussiens déchristianisent la Pologne, qui est, elle, d'un

____

(1) *Souvenirs d'Orient*, H. Cornille.

catholicisme moins tolérant que le nôtre. Ils en feront des Teutons le jour où cette besogne sera accomplie; ce qu'à Dieu ne plaise! Quel but poursuivent-ils? le même que le nôtre en Algérie, avec cette différence, toutefois, qu'ils ont affaire à un peuple civilisé et catholique.

Sans donner en exemple les ignobles procédés des Allemands, nous dirons, qu'on nous passe l'expression : Vous n'obtiendrez l'assimilation des indigènes qu'à la condition de les *démusulmaniser*. Le mot n'est pas dans le Dictionnaire de l'Académie, mais il me fait comprendre.

On s'est trop empressé de le proclamer, l'indigène ne vient pas à nous; toute la peine est de notre côté dans notre rôle civilisateur.

Pour quiconque juge superficiellement des choses et ne les considère qu'un instant, il semble, en voyant nos villes algériennes, dont la physionomie se fait de plus en plus française, que l'indigène qui y circule, qui s'y livre au commerce, etc., ne soit pas un autre peuple que le nôtre. C'est une erreur; observez un peu, étudiez, et vous jugerez.

Dans les villes, les indigènes se retirent devant nous; à part quelques exceptions, ils ont leur quartier à eux, généralement le sommet, la Casbah, où ils se groupent et où tout se passe comme autrefois sinon dans la rue du moins dans leur intérieur. Les indigènes qui frayent dans nos foules mettent un masque qu'ils quittent dès qu'ils passent le seuil de leur porte pour entrer au logis.

Nos lois, cependant, leur font respecter la chose publique, c'est-à-dire que les mœurs, par exemple, n'étalent plus leurs côtés cyniques en plein jour. La propriété est sauvegardée davantage, la sécurité des personnes est, on peut le dire, presque entièrement assurée. Mais tout ce qui touche à la religion et à son codex inexorable, le Koran, tout ce qui touche à la famille et à sa constitution; enfin tout ce que nous avons cru devoir tolérer pour ne pas porter atteinte à la liberté individuelle, tout cela est aussi vivant que par le passé. En un mot, les indigènes observent ce que nous leur faisons observer, mais ils gardent soigneusement et avec une attention jalouse ce que nous leur laissons. Et ce que nous leur laissons, c'est précisément ce qui les sépare de nous et ce que nous ne saurions humainement leur prendre.

Par ce qui a été fait déjà, il nous est possible d'envisager ce qu'il nous reste à faire, c'est-à-dire jusqu'à quel point nous pourrons atteindre.

Plus le gouvernement crée de centres européens, plus la population augmente; plus l'indigène faiblit, plus il se retire devant les rayons de cet astre civilisateur dont chaque homme civilisé est une émanation directe. Il se retire, nous l'avons dit tout à l'heure, ébloui, mais non fasciné; ce que nous voudrions. Et, semblable à ce dormeur que la lumière d'une bougie incommode, il cherche l'ombre pour s'y mettre à l'aise.

Nous avons dans le Kabyle l'exemple le plus frappant de ce que nous pouvons espérer. Avec le Kabyle nos rapports sont de beaucoup plus fréquents et plus intimes qu'avec les Arabes. Beaucoup ont déclaré le Kabyle assimilable dans un avenir peu éloigné; nous le croirons sans peine, mais à une condition, — c'est qu'il consente à pousser la tolérance religieuse beaucoup plus loin qu'il ne le fait, bien que sous ce rapport il soit cause de l'indignation de ses marabouts, dont, entre parenthèses, il ne se soucie que fort peu.

On le voit donc, le Kabyle ne nous paraît assimilable que parce qu'il est tolérant en matière de religion et, ajoutons-le aussi, parce qu'il jouit d'une législation où le Koran n'intervient que quand il plaît aux légistes.

Selon nous, l'assimilation des indigènes pourra servir bien longtemps encore de prétexte à noircir des monceaux de paperasses. Mais nous ne pensons pas qu'il soit possible de dépasser certaines limites que nous assigne, non pas l'antipathie de ces peuples pour nous, antipathie qui disparaît rapidement grâce à nos bons procédés, mais leur législation religieuse, à laquelle ils restent dévoués avec fanatisme.

« Nous serons bons voisins, bons soldats même, dans une certaine mesure, pour défendre la patrie française, nous paierons les impôts et autres choses, mais — *barca!* »

Voilà ce que les indigènes nous laissent espérer. Et, ne pouvant exiger plus, nous serions assez d'avis qu'il faille nous contenter de ces résultats.

LA NATURALISATION; LES ARABES SOLDATS.

II.

Dans le chapitre précédent, nous avons donné notre opinion au sujet de l'assimilation des indigènes algériens. Cette fois, nous ferons un rapide exposé des réflexions que nous inspirent les deux gros problèmes de la naturalisation et de l'Arabe soldat (1).

Nous avons été surpris, et beaucoup ont dû l'être avec nous, à l'annonce de cette nouvelle qu'il se trouvait, à la Chambre des députés, des gens partisans d'imposer le service militaire aux Arabes.

Ces législateurs savent-ils bien dans quelle voie ils s'engagent, ont-ils étudié les difficultés qu'il leur faudra vaincre pour opérer cette réforme, et croient-ils même sérieusement à sa possibilité? Les indigènes sont-ils suffisamment prêts pour que, du jour au lendemain, une loi puisse enrégimenter une population si nombreuse et si opposée à toutes ces réglementations de la civilisation moderne qui les troublent et les désorganisent, quand elles ne les poussent pas à la rébellion.

(1) Nous confondons à dessein, dans ce mot d'Arabe, les Kabyles et les Mozabites.

Tout le monde sait de quelle façon fut décrétée, pendant les lugubres événements de 1870, la naturalisation en masse des Israélites algériens. Selon nos hommes politiques les plus influents, comme d'après l'opinion des Israélites consciencieux eux-mêmes, cet acte eût amené les plus graves désordres s'il ne s'était pas rencontré que les Juifs eussent tout intérêt à se laisser franciser. Les Français d'Algérie n'eurent pas lieu tout d'abord de se féliciter de leurs nouveaux compatriotes, et nous ne sommes pas bien certain encore aujourd'hui qu'il faille être reconnaissant outre mesure de cette opération au grand Crémieux, son principal auteur. Pour en juger sainement, il faudrait que nos législateurs se transportassent en Algérie, au milieu de tous ces Français d'hier. Quelques périodes électorales, quelques scènes de la vie de caserne, la fréquentation intime de quelques familles suffiraient à les édifier amplement. Les Israélites algériens se sont faits Français de grand cœur, mais maintenant encore certaines obligations les gênent, car tous ne sont pas assez éclairés pour se rendre compte de la véritable situation que nous leur avons créée à côté des Français de race. Nul doute que si tous, jusqu'au simple *mercantil*, savaient l'apprécier à sa juste valeur, leur dévouement n'aurait plus de bornes. Nous les avons tirés de l'opprobre dans laquelle ils croupissaient sous le régime turc, nous nous sommes attiré la haine sourde du peuple arabe, et, en les naturalisant, nous leur avons donné le droit d'être ce qu'ils sont aujourd'hui en Algérie : les maîtres incontestés de la finance et les tenanciers souverains de la propriété foncière. Nos Français de race sont leurs très humbles serviteurs.

Cependant nous n'avons rien à redouter des Israélites, parce que leur nombre n'est pas à craindre pour une nation comme la nôtre, parce qu'ils sentent qu'il est de leur intérêt de nous rester fidèles et que, s'ils venaient à en éprouver quelques remords, les Arabes sont là; il ne faudrait qu'une étincelle pour électriser leur haine profonde contre eux.

La situation des Arabes n'est plus la même vis-à-vis de nous. Ils nous boudent d'avoir fait les Juifs Français, mais ils n'ambitionnent pas l'honneur de l'être. Croit-on qu'en les naturalisant nous éteindrons leur rancune? Nullement, ils protesteront de se voir confondus avec leurs ennemis sémites, comme ils protestent actuellement de ce que nous leur ayons préféré ceux-ci.

Si nous avons dit que les Arabes n'ambitionnaient point l'honneur d'être Français, c'est en nous basant sur le passé. Combien, en effet, se sont fait naturaliser depuis la conquête? Les statistiques pourront répondre à cette question. Le chiffre est nul. En naturalisant en masse les indigènes, les franciserons-nous comme les Prussiens germanisent l'Alsace et la Lorraine? Non, n'est-ce pas? La France est une nation trop connue pour ses sentiments humanitaires. Cependant il faudra prendre un parti, ou bien nous contenter d'avoir des Français par force. N'envisagez-vous pas déjà tout l'attirail de fonctionnaires et l'effectif des troupes qu'il faudra pour courir après toute cette population en partie nomade, qui, si elle ne résiste pas parce qu'elle est trop faible, se dérobera par la fuite.

Avant de la naturaliser, cette immense population, il fallait d'abord la fixer, l'attacher au sol par un moyen quelconque. Alors il était possible d'avoir recours contre elle, tandis qu'aujourd'hui la chose nous paraît pour le moins problématique. Naturaliser les indigènes, les astreindre à être soldats dans ces conditions, c'est, à notre avis, une mesure prématurée et qui pourrait avoir des conséquences désastreuses dans l'avenir.

Étant donné que vous laissez à ces populations ses préjugés contre nous, sa haine de race, ses particularités qui en font un peuple à part sous tous les rapports, ne pensez-vous pas que, comme les Turcs ont fait pour les Grecs en les enrégimentant dans leur armée et dans leur flotte, vous leur donnerez, proportions gardées, des armes pour vous combattre.

Les tirailleurs indigènes que nous avons dans notre armée n'y viennent s'enrôler que par l'appât du gain; zélés serviteurs, ils demeurent fidèles à l'engagement librement consenti. Nous en avons eu des preuves dans maintes circonstances. Mais le nombre de ceux qui retournent dans leurs tribus, après le service, est insignifiant et pour cette raison ne doit inspirer aucune crainte. En sera-t-il de même quand ce peuple tout entier aura appris à votre contact à faire la guerre et que, toujours amoureux de son indépendance et superficiellement assimilé, il retournera contre vous les légions dont vous l'aurez doté.

Voilà ce qui arrivera fatalement si vous faites l'indigène soldat sans lui accorder le titre et les prérogatives de citoyens français. Il ne sera qu'un soldat à la solde d'étrangers; alors gare au jour où vous ne serez plus assez forts pour le contenir! Sans aucun scrupule, — et pourquoi en aurait-il? — il cherchera à vous chasser d'un pays qu'il considère comme lui appartenant.

Si d'un autre côté vous accordez le titre de citoyen aux indigènes que vous aurez astreints à l'impôt du sang, quelle subite transformation allez-vous voir s'accomplir dans ce pays avec nos lois politiques actuelles! Quel groupe d'électeurs! Déjà, en Algérie, le triomphe électoral est assuré aux candidats qui font des courbettes à l'élément israélite, et les électeurs de race française sont impuissants, vu leur petit nombre, à faire un choix qui leur convienne.

Bientôt, si vous naturalisez les indigènes, les Israélites feront la culbute, mais en même temps vous assurez la domination aux Arabes. Ce sera guérir une plaie pour en ouvrir une plus grande. Sénateurs, députés, conseillers généraux, conseillers municipaux, etc., tous seront Arabes par droit de majorité. Et bientôt vous entendrez l'enceinte des Parlements retentir des revendications des Arabes. L'Algérie ne sera plus alors qu'une variante de ce fameux royaume arabe si décrié jadis, mais un royaume arabe qui, cette fois, saura se servir avec intelligence de la civilisation que nous lui aurons inculquée.

Encore une fois, l'Algérie n'est pas prête à subir une telle transformation du jour au lendemain. Si une thèse contraire trouvait quelque créance chez nos représentants, nous aurions la confirmation de ce que nous savons déjà : à savoir, que nos députés n'ont aucune connaissance sur le pays qu'ils veulent légiférer.

LE CANTONNEMENT DES TRIBUS; LEUR FIXITÉ A VENIR.

III.

Dans le précédent chapitre sur l'assimilation des indigènes de l'Algérie et sur l'Arabe soldat, nous avons brièvement exposé pourquoi nous n'avions qu'une confiance très bornée dans le succès de ces deux entreprises.

Nous avons cité comme obstacles : la religion musulmane et le manque de demeure fixe chez les indigènes, chez les Arabes plus spécialement; car les Kabyles et les Mozabites, par exemple, s'attachent même plus que nous aux foyers de leurs pères et ne s'en écartent toujours qu'avec l'idée d'y revenir terminer leur vie. Nos villes algériennes sont peuplées de *Mozabites* et de *Biskris* (habitants de l'oasis de Biskra, département de Constantine), lesquels, exerçant les professions de portefaix, d'épiciers ou de bouchers, retournent dans leur pays de naissance dès qu'ils ont amassé un petit pécule qui leur permette de vivre sans souci du lendemain. La plupart se logent en garni, dans de petites chambres qui sont de véritables cellules, mais beaucoup aussi, en plus grand nombre peut-être, dorment à la belle étoile, le long des boutiques dont ils se constituent les gardiens nocturnes, ou, pour la somme modeste de cinq centimes, vont chercher un abri dans les cafés maures. Quoique moins causeurs que les Arabes, j'en ai connu pas mal qui étaient les boute-en-train des soirées indigènes. Entre quelques coups de tam-tam, de darbouka, de guenibri ou de flûte, ils racontaient à l'auditoire de leur café de prédilection une infinité d'histoires mélangées de chants. Les Français croient que les indigènes ne rient point, ne causent point à haute voix et qu'ils conservent constamment cette espèce de majesté native qui s'harmonise si admirablement avec l'ampleur de leur costume. C'est une erreur. Aucun être au monde n'est loquace comme lui, aucun ne rie avec si peu de retenue. J'étais logé à une époque au-dessus d'un café maure, et souvent jusqu'à plus de minuit j'entendais les rires bruyants et les éclats de voix des indigènes. On aurait dit un véritable tumulte, on aurait cru à des disputes, à des batailles, et cependant il n'en était rien. C'était un Biskri, un vieillard doué d'une magnifique barbe, qui racontait des histoires qui ne devaient qu'à l'emploi de la langue arabe de pouvoir impunément braver l'honnêteté. Plus les passages de sa narration étaient grivois et licencieux, plus les cris, les applaudissements, les trépignements redoublaient. J'ai connu un Arabe, de ce café, tellement démonstratif que, quand un passage lui plaisait, il saisissait une babouche de chaque main et en frappait à coups redoublés sur le sol, sur les bancs, sur les nattes, enfin partout où il pensait trouver un écho plus bruyant de sa joie.

Parfois j'invitai à prendre le café, chez moi, Ali, ce vieillard dont j'ai parlé. Sa loquacité extraordinaire m'était utile, car j'apprenais l'arabe, et je l'appréciais d'autant plus qu'il émaillait ses discours d'une foule de légendes et d'anecdotes.

Il avait servi, disait-il, sous Abd-el-Kader, il se vantait d'avoir baisé mille fois le pan du burnous de cet enfant de la destinée, de Si Abd-el-Kader el-Hachémi, qui si longtemps fut notre mortel ennemi et n'abandonna la lutte que quand le Prophète le lui ordonna. J'avais toutes les raisons de le croire, car Ali était très âgé et ne me parlait jamais de son ancien maître qu'avec des éclairs dans les yeux et des gestes électriques. Invariablement il terminait ses conversations, dans la crainte qu'elles ne me fissent élever des doutes sur sa fidélité, par ces mots : « Notre seigneur Abd-el-Kader a été brisé par les Français. Il était courageux, Dieu l'a voulu, les Français sont puissants. »

Je ne puis résister au désir de transcrire ici une de ses meilleures légendes à mon avis, avant de reprendre mon sujet.

« Tu sais que je suis Biskri et que mon plus ardent désir est d'aller mourir dans ma belle oasis de Biskra. Je suis très vieux, j'ai vu beaucoup de lunes succéder à beaucoup de soleils, mais Dieu, j'en suis persuadé, m'accordera cette faveur.

« La poudre parlait du côté du Tell, Alger la Blanche était tombée au pouvoir des Français, qui déjà gravissaient les pentes abruptes du Mouzaïa. Malgré cela, les Biskris, qui sont des gens tranquilles et amis de la paix, vivaient dans le calme. Tout respirait la joie et le travail, les palmiers ployaient leurs tiges chargées de fruits sous le souffle du siroco, et ton ami, lui, pleurait et se lamentait. Les doux yeux d'une jeune gazelle l'avaient si profondément troublé que son corps tremblait et que son cœur cessait de battre dans sa poitrine quand cette gazelle se rendait à la fontaine et qu'il la rencontrait sur le chemin, sous les citronniers, près du marabout où il allait souvent prier et s'asseoir. Ce qui causait ma peine, c'est que Lala Aziza était riche et de grande famille, et que moi j'étais pauvre et de parents obscurs. De plus, comme elle atteignait sa onzième année, on allait la marier avec le fils du caïd Hahmed, un joueur et un débauché qui avait quatre femmes et les rendait toutes malheureuses. Quand j'appris la fatale nouvelle que le cortège de son fiancé Hahmed l'allait venir chercher chez son père pour la conduire dans son antre, je sentis mon cœur tomber à mes pieds, le jour devint la nuit, mon esprit m'abandonna, et je m'affaissai, évanoui, sur le sol.

« Il n'y a donc plus de justice? ô Dieu!... ô Prophète! Je revins à moi au milieu des cris de mes frères, ma mère était folle de douleur et mon vénérable père couvrait sa barbe de sable, quand Lala Aziza passa sur un chameau richement orné.

« Tout ce bruit attira son attention. Elle entr'ouvrit son voile, m'aperçut et me jeta un regard si brûlant que je fus à l'instant inondé d'espérances. O fraîcheur de mes yeux! ô âme de ma vie! Le cruel destin devait nous séparer, car c'était écrit dans le grand livre. — Celui qui voit tout voyait alors ce que j'ai vu plus tard, ce que je vois maintenant.

« J'avais jusqu'à cet instant douté que Lala Aziza répondît à mon amour, mais je fus convaincu qu'elle aussi m'aimait réellement. Ma vue la troublait et aiguillonnait sa passion. Elle se mit à pousser des cris stridents, à déchirer ses vêtements, à briser ses parures et à s'arracher les cheveux. La croyant possédée tout à coup d'un génie infernal, ses femmes la mirent à terre. Elle se précipita vers moi et s'écria avec des sanglots dans la voix :

« Non, je ne veux pas être la femme de ce méchant homme auquel on me donne. Tu es beau, je suis belle; tu es petit, je suis petite; tu es pauvre, je veux partager ta pauvreté. Tu es jeune, je suis jeune, et nous travaillerons pour vivre tous les deux heureux. Par la mère du Prophète, je veux n'être qu'à toi!... »

« Lala Aziza s'évanouit à ces mots, et moi, encore tout étourdi par ses paroles passionnées, je restais sans un geste, sans une parole devant les femmes maudites qui l'arrachèrent de ma poitrine pour la conduire chez le fils du caïd...

« O destin cruel! ô jour trois fois maudit! Le lendemain, Lala Aziza, échappant à la surveillance de ses femmes, alla se noyer dans un silo rempli d'eau. Depuis, ton ami a quitté la belle oasis; les marabouts prêchaient la guerre sainte, les fusils se levaient partout, il prit le capuchon rouge du fils des Hachem. Dieu n'a pas voulu qu'il gagnât le paradis en mourant dans les combats contre les infidèles. Tu le vois, je suis ici vieux et courbé, et notre seigneur Abd-el-Kader a été brisé par les Français. Il était courageux, Dieu l'a voulu, les Français sont puissants. »

Nous l'avons dit plus haut, bien que s'exilant volontairement de leur pays natal, les Biskris, les Mozabites et les Kabyles y retournent toujours y terminer leur vie, dans une petite cabane entourée d'un lopin de terre qu'ils achètent après avoir économisé sou par sou durant leur long séjour au dehors du foyer paternel. On a comparé ces trois races indigènes à nos Auvergnats et à nos Savoyards; la comparaison est exacte.

Donc, jusqu'à un certain point, voilà une population qui observe une certaine fixité. Mais nous ignorons, par exemple, de quelle façon on s'y prendra pour les enrégimenter. Les bureaux de recrutement ont déjà fort à faire, en France, avec la population flottante. La besogne est énorme; en Algérie, elle deviendra incommensurable. Incommensurable, elle le serait déjà rien qu'avec les Biskris, les Mozabites et les Kabyles; mais avec les Arabes elle atteindra des proportions qu'il est impossible de prévoir.

Nous ne nions pas qu'on puisse obtenir un jour de faire des soldats dans ces populations, ainsi que le désirent plusieurs de nos représentants; mais cette réforme nous paraît risquée, elle nous rend perplexe.

Ne devrait-on pas d'abord s'efforcer de fixer les Arabes? C'était la première chose à faire pour assurer un fonctionnement à peu près bon du recrutement. Or, les tribus arabes sont aujourd'hui encore presque aussi mobiles qu'aux débuts de la conquête.

Beaucoup l'ignorent. Pourquoi?

Parce qu'à l'exemple de certains de nos députés et sénateurs, on confond généralement, de ce côté-ci de la Méditerranée, le *cantonnement* avec ce que nous appelons, nous, la *fixité*.

La fixité, c'est-à-dire un groupe de familles plus ou moins considérable, demeurant d'une façon constante dans un même lieu, y ayant tous ses intérêts, y trouvant toutes ses ressources, etc. Dans ce cas, on a, sans courir, les éléments constitutifs d'un recrutement, d'une mobilisation ; on trouve tout sous la main : hommes et choses.

Le cantonnement est d'un autre genre. C'est ce même groupe dont nous parlons, allant selon les saisons d'un lieu dans un autre, mais ne s'éloignant pas cependant d'un périmètre approximatif de 20, 30 à 40 kilomètres.

Ce magnifique résultat obtenu sur des populations autrefois d'une mobilité extrême et se transportant à de grandes distances, ce cantonnement est l'œuvre des *bureaux arabes*, qui ont fait beaucoup de bien, si quelques-uns de leurs fonctionnaires se sont parfois écartés de leurs devoirs. Le gouvernement civil n'a eu qu'à suivre une voie qui était toute frayée. Mais tous les Arabes de l'Algérie ne sont pas encore cantonnés. Pourront-ils l'être entièrement un jour?

Il y a des gens plus autorisés que nous pour répondre à cette question. Un long séjour en Algérie nous a persuadé que si l'on finit par atteindre ce but, ce ne sera que dans un avenir encore fort éloigné.

Le meilleur système, à notre avis, est celui qui consiste à réunir sur un point donné tous les éléments essentiels susceptibles d'attirer les Arabes nomades et de les fixer.

Un emplacement sain et aéré ayant été choisi, on y installerait une fontaine en pierres très solide, on construirait la maison du chef arabe à frais communs avec ce personnage et sa tribu, on adjoindrait à cette maison la demeure du cadi, celles d'un bourrelier, d'un forgeron, d'un marchand d'épices et autres denrées coloniales, d'un marchand d'étoffes, etc. Le marché et l'école y seraient placés, les étalons y viendraient séjourner, on y créerait un lavoir pour les deux sexes, ainsi qu'un abreuvoir, des moulins, etc.; et toutes les concessions sollicitées ne seraient accordées, autant que possible, qu'à la condition qu'elles fussent situées à proximité de ce centre en formation.

Tout d'abord, il faudra éviter de trop encourager les colons européens à s'y installer; car, quoique ces derniers, et réciproquement, vivent dans un parfait accord avec les indigènes, ceux-ci fuient leur voisinage en dehors des transactions.

L'eau, le marché, la maison de justice ou *Mahcama*, voilà les trois choses dont ne peut se passer un indigène, en y ajoutant, bien entendu, les pacages.

Voilà ce qu'il faut commencer par faire avant de vouloir imposer aux Arabes une nationalité qu'ils ne demandent pas, ou des charges qui ne leur sourient guère et qui seraient nuisibles à nos colons.

Voilà ce qu'ignorent M. Michelin et consorts, et ce que quelques conseils municipaux d'Algérie ont déjà essayé de leur démontrer. Ces conseils municipaux voient sur place les terribles désordres où nous conduirait la naturalisation des indigènes, et ils protestent de toutes leurs forces.

Il est à supposer que les conseillers généraux de la colonie vont également protester et cesseront pour un instant de faire des salamaleks à leur gouverneur, dont ils suivent servilement toutes les volontés.

La plupart de ces messieurs, qui passent leur temps à se congratuler, verront-ils le danger qui les menace ?

C'est probable ; car, s'ils restaient aveugles en face des intérêts de leurs électeurs, la crainte de perdre leur mandat et les avantages en découlant suffira pour leur ouvrir les yeux.

LE REBOISEMENT.

IV.

Il fut un temps où le reboisement avait, en Algérie, une vogue que n'ont jamais eue, à Paris, les lions de l'Atlas ou les *mekahla* kabyles.

On en plaçait partout, des arbres, même dans les lieux où on était certain de les voir périr (c'étaient des essais) ; chaque colon était tenu de planter tant de pieds d'arbres sur l'espace de sol qui lui était concédé. Un instant, la fureur fut telle que, sous prétexte d'assainir l'atmosphère (le fait peut être controuvé), les habitants d'Alger, dit-on, voulurent boiser les terrasses de la ville. — La police s'y opposa.

Tout nouveau, tout beau... l'engouement cessa et fut bientôt remplacé par l'indifférence universelle, indifférence qui gagna jusqu'aux membres les plus entreprenants de la société dite *Ligue du reboisement*.

Qu'on ne nous accuse pas d'esprit de dénigrement à l'égard de la Ligue de reboisement. Elle a fait beaucoup; un moment, il parut même qu'elle allait égaler, surpasser même sa devancière, l'administration militaire. Mais l'indifférence a eu raison de toutes ces bonnes volontés, la cruelle indifférence a tué tout cela, et nous savons qu'il ne reste pas assez de ses deux yeux à M. Trolard, le savant docteur d'Alger, pour pleurer la misérable décomposition d'une institution si éminemment utile et indispensable à la fertilité du sol algérien.

A part les communes que les chefs intelligents et dévoués dotent de pépinières, on peut dire que le reboisement se borne aujourd'hui à ce que fait le gouvernement et aux mesures de conservation qu'il prend à l'égard des forêts.

Par ce qui précède, nous ne voulons pas insinuer que le reboisement ne s'opère plus en Algérie. Il se fait toujours, la Ligue y contribue même; mais il se pratique sur une moins grande échelle qu'au temps où l'initiative privée s'était vaillamment mise à la remorque de l'initiative gouvernementale, qu'elle surpassait même souvent, proportion gardée.

Et puis, faut-il le dire? le code forestier apporte à l'extension du reboisement un préjudice énorme par certains termes de sa loi. Nous parlons seulement au point de vue du reboisement pratiqué individuellement et isolément.

En effet, imaginez un colon auquel l'État accorde une concession avec ou sans plantation arborescente. Que pensez-vous qu'il mette dans sa concession? — Des arbres de rapport, cela va sans dire. Or, parmi les arbres de rapport, les fruitiers viennent en première ligne de compte; et, parmi ces derniers, quels sont ceux, ou, pour ne citer qu'un exemple, quel est celui qui est le plus productif et dont la culture répandue et bien comprise augmenterait d'une façon énorme la fortune algérienne? — Un colon, né d'hier, vous répondra de suite et sans sourciller, comme absolument sûr de ne parler qu'avec justesse : — l'olivier.

Eh bien, le code forestier agit à l'égard de l'olivier tout comme agirait une marâtre à l'endroit de l'objet de sa haine. Ce précieux emblème de la Minerve athénienne, l'olivier, qui à Rome jouissait de la plus grande vénération, subit en Algérie, de la part du code forestier, une capitation que nous n'hésitons pas à qualifier d'inique, tant il se montre exigeant, et de plus absolument défavorable à l'accroissement de ce membre de l'espèce élaïque.

Aussi qu'arrive-t-il? Les colons plantent peu ou prou des essences exemptes d'impôt et susceptibles de lui fournir seulement un peu d'ombre. Et quant à ce qui concerne l'olivier, bien loin d'en planter et de se livrer avec ardeur à la culture de cet arbre d'un grand rapport, les colons vont même jusqu'à n'accorder aucun soin à tout olivier sauvage existant sur leurs terres; attendu que, une fois greffé, tout olivier sauvage est frappé d'une rente annuelle au profit de l'État.

Toute aussi vexatoire est la mesure qui préscrit aux concessionnaires des bois d'oliviers appartenant à ce même État, qu'ils ne sont appelés qu'à une jouissance temporaire des plus restreintes, au gré de l'administration des forêts.

Bien loin de tracasser ainsi les propriétaires ou les usufruitiers des oliviers, il serait juste au contraire d'encourager par des primes les susdits propriétaires ou usufruitiers à en augmenter le nombre et à en perfectionner le mode de culture. Cette idée, qui n'est pas neuve du tout, a été maintes fois mise en avant, mais malheureusement une solution favorable est encore à se faire attendre. Qu'on ne l'oublie pas, l'Algérie, plus que l'Italie et la Grèce, plus que l'Espagne elle-même, l'Algérie est le pays par excellence de l'olivier; il y prend des proportions invraisemblables et ne saurait y craindre pas plus la gelée que les fortes chaleurs de l'été. Un olivier en plein rapport produit de 70 à 80 francs, et plus.

En dehors des essences plus particulièrement propres à l'Afrique septentrionale, l'Algérie donne asile à presque toutes les espèces connues en Europe; mais de toutes ces espèces, il en est dont il faut tout spécialement encourager la culture selon la nature du sol et son altitude. Ce principe primordial du reboisement de l'Algérie a été mis en pratique avec un rare bonheur, dès le début, par la *Ligue du reboisement* aussi bien que par l'État. C'est ainsi qu'un terrain aride comme celui qui entoure Alger, près de ses remparts, est aujourd'hui couvert de milliers d'eucalyptus et de pins d'Alep qui, s'ils ne procurent pas beaucoup d'ombre, ont du moins la précieuse qualité d'assainir l'air. C'est aussi à des plantations de ce genre sur le Mansourah et sur la pente de Sidi-Rached que Constantine doit le peu de verdure qui égaye son paysage de pierre. Les descriptions des différents sièges de Constantine nous ont transmis le souvenir de la pénible impression ressentie par nos troupes à la vue de l'aridité et de la sécheresse du territoire urbain de la capitale d'Ahmed-bey. Oran était identiquement aussi peu verdoyante. La nature du sol et son altitude, nous l'avons dit plus haut, sont à observer pour le reboisement. Presque tous les arbres fruitiers, depuis l'oranger et le citronier jusqu'au pommier, prunier, cerisier, poirier, noyer, abricotier, pêcher, mûrier, olivier, figuier d'Europe, viennent admirablement bien dans la plaine de la Mitidjah et ses coteaux sont couverts de pins d'Alep, de tamarins et de chênes de différentes espèces, hormis celui de France...

La plaine de la Mitidjah est, dans ses parties les plus basses, à 1^m au-dessous du niveau de la mer, et dans ses parties élevées à 50^m (hauteur moyenne des coteaux dits du Sahel) et à 400^m (plus haute élévation de la Bouzaréah). Sa longueur est de 65 à 70 kil., sur 25 à 28 kil. de largeur.

Dans le département d'Oran, l'immense plaine de la Mekerra, au milieu de laquelle s'élève Sidi-bel-Abbès, et comprenant 380,000 hectares, est aussi bien douée sous ce rapport que la plaine de la Mitidjah, bien que son altitude soit supérieure. Comme autrefois, la fertilité du territoire de Sidi-bel-Abbès est proverbiale et synonyme de merveilleuse.

Au peu d'empressement que l'on met à reboiser l'Algérie, vient se joindre un terrible fléau, l'incendie. Malgré l'active surveillance de la direction des forêts, il ne se passe pas d'année sans qu'on ait à déplorer l'embrasement de telle ou telle forêt du littoral. Le département de Constantine est plus spécialement victime de cette calamité, qui déboise en quelques instants ce que des années d'une plantation assidue ne sauraient remplacer. Sait-on toujours dans quel cas il y a crime ou cause accidentelle? hélas! il serait bien difficile de le dire. La mesure si sage de la responsabilité collective des indigènes pourrait bien parfois, dans ces circonstances, frapper des innocents; car nous le répétons : sait-on toujours dans quel cas il y a crime ou simplement cause accidentelle? Le seul palliatif, selon nous, à ces désastres périodiques serait d'augmenter le nombre des gardes forestiers, qui nous paraît insuffisant.

Dans les vastes emplacements boisés des deux Kabylies comme chez les Beni-Menasser du département d'Alger et dans le territoire de Teniet-el-Haâd, comme dans les Babores, l'Aurès et le Bou-Thaleb, on laisse trop, à notre avis, les indigènes tailler, rogner et faire du charbon. Le contrôle est à peu près nul sur les lieux mêmes d'extraction, et il l'est encore davantage sur les lieux de vente. Beaucoup des villes qui se tiennent à proximité des forêts exploitées de la sorte exigent bien des vendeurs indigènes le fameux *carta* ou permis. Mais à cela qui y gagne? Très peu la commune, pas davantage les forêts, et encore moins les populations. Nous ajouterons même que ces *cartas* n'ont souvent que ce résultat de mettre le combustible entre les mains des accapareurs qui en profitent pour exploiter et l'indigène et l'Européen.

Au déboisement de l'Algérie le remède est tout indiqué, mais il s'agit de l'employer avec vigueur et persévérance.

Non seulement il faut planter et encourager les colons à boiser leurs terres, mais il est indispensable aussi de réprimer le maraudage des indigènes et d'exercer une surveillance plus active sur les plantations existantes.

En outre, nous souhaitons que le feu sacré pénètre derechef les membres de la Ligue du reboisement tout comme aux beaux jours où l'enthousiasme était universel.

IRRIGATION.

V.

Des savants ont affirmé, nous voulons bien y souscrire, que l'Algérie avait dû, dans les temps préhistoriques, appartenir à la péninsule hispanique et que le système orographique de cette dernière n'était que la continuation des montagnes de l'Atlas.

Notre respect pour les savants se trouve cette fois d'accord avec notre opinion personnelle. En effet, pour qui a vu et l'Algérie et l'Espagne, on est frappé de la ressemblance géodésique du sol de ces deux contrées. Les montagnes y ont presque la même nudité, les plaines algériennes ont aussi soif d'eau que les puertas, où les palmiers nains et autres plantes amies des steppes disputent à l'homme le passage de sa charrue. De l'eau, de l'eau, voilà la grande préoccupation du colon algérien comme du paysan espagnol.

Est-il possible de contenter ce désir? — Nous croyons que oui, mais dans une certaine mesure.

Nos connaissances hydrostatiques sont aujourd'hui assez précises pour entrer hardiment en lutte et presque à coup sûr avec succès contre la sécheresse, qui le plus souvent n'est qu'apparente ou, si l'on veut, superficielle. Et c'est le plus généralement le cas pour l'Algérie, dont le sol est imprégné d'eau à une faible profondeur. Si elle ne s'y trouve pas en quantité considérable, la fréquence des couches est une compensation. On peut dire que tous les oueds sans exception, lorsque leur *thalweg* est tari, ont de l'eau sous leur hypogée. Combien de fois en avons-nous vu et fait nous-même l'expérience en creusant le lit des rivières à quelques mètres.

Dans les plaines, tout endroit où se montre la verdure, c'est un indice de la présence de l'eau à peu de profondeur. Rarement nous nous sommes trompé.

La question des eaux a le talent d'exciter l'irascibilité d'un grand nombre d'Algériens; la misère rend grincheux, la soif est chose terrible.

A côté du sérieux, il y a l'amusant.

Dans les endroits où il y a de l'eau peu ou point, tout le monde en demande; mais il n'en est pas de même là où le liquide fertilisant est plus à portée.

Combien de fois nous est-il arrivé de recevoir dans nos bureaux de rédaction des gens qui venaient discourir contre leur municipalité; tel disant qu'on lui donnait trop, tel autre pas assez ou pas du tout.

Nous dirons plus sagement que le plus souvent la faute n'en est à personne, mais bien plutôt aux éléments eux-mêmes, à la constitution hydrographique du sol ou encore au défaut d'argent.

Ah! le défaut d'argent. Voilà, 99 fois sur 100, l'unique cause des trop grandes misères, comme le contraire l'est parfois des trop grands plaisirs.

Nous avons connu plus particulièrement à S... un respectable vieillard, M. G..., homme d'une loquacité extraordinaire, mais d'un talent réel cependant, qui avait la faiblesse de ne juger de l'intérêt général de sa commune qu'à son point de vue particulier. « On m'inonde, on me submerge; et l'on dit qu'il manque d'eau en Algérie! La municipalité est d'un crétinisme révoltant, et si l'eau fait défaut durant les chaleurs, c'est qu'elle la laisse perdre en faisant un lac de ma propriété, etc., etc. »

Quelques municipalités peuvent certainement être atteintes de crétinisme chronique; mais enfin il est parfois difficile de se prononcer, alors qu'un autre colon viendra peu après vous soutenir une thèse diamétralement opposée.

Cette ville de S... a la spécialité des phénomènes, et tout le monde ne saurait avoir la sagesse d'économie d'un de ses banquiers. Lequel banquier trouvait moyen de cultiver des betteraves, d'obtenir des médailles aux concours et d'enrichir, à bon compte, la collection du comice agricole en ramassant sur une promenade publique les graines de nous ne savons plus quel arbre, rare en Algérie et ailleurs comme une fourmi dans une fourmilière.

Ses concitoyens en avaient fait un maire. Ce fut pour la ville l'ère d'une parcimonie tellement outrée qu'on fut obligé d'y remédier sous peine de voir chaque bouchée de pain coûter 10 sols. M. le maire remplissait sa caisse communale, mais ses administrés erraient par les rues hâves, décharnés et maigres comme la momie du grand Sésostris que vient de découvrir (?) M. Maspero.

L'eau faillit se vendre plus cher que le vin. Admirable mais par trop cruelle économie !

Au demeurant, ce maire n'était point un méchant homme : sa gestion fut pavée de bonnes intentions. Mais il eut le tort de ne jamais savoir ce qu'il voulait. Entre temps, tantôt il faisait des risettes aux intransigeants, tantôt il faisait mine de leur montrer les dents, tantôt il boudait les opportunistes, tantôt il donnait des gages de sa vive sympathie aux radicaux. C'était la versatilité incarnée. Il appelait cela tenir l'équilibre et pratiquer la politique de juste milieu qui l'a conduit à la réputation dont il jouit. Combien agissent de même !

La plaisanterie qu'on prête à Alexandre Dumas à propos du Mançanarès trouverait son application en Algérie.

La plupart des oueds de l'Algérie sont sans eau, beaucoup en possèdent à peine, pas un n'est réellement navigable. Quelquefois, l'hiver, ou par des temps d'orage, ces oueds deviennent à la vérité des torrents, mais c'est l'affaire d'un moment, car la terre absorbe avec une avidité incroyable cette eau dont elle est tant privée.

Si ces torrents apportent quelque soulagement à la souffrance des végétaux, ils causent aussi bien souvent des dégâts considérables. Les annales agricoles de l'Algérie sont pleines de détails navrants concernant les inondations. Qui ne se rappelle la dernière rupture du barrage du Sig?

Si les torrents étaient susceptibles de reconnaissance, ils éviteraient tout au moins de renverser les arbres qu'on plante sur leurs bords et d'emporter les ponts qu'ils forcent à construire, qui coûtent si cher et qui servent si peu.

La liste est longue des sommes consacrées à la construction des ponts en Algérie; elle est longue, et cependant nul n'en peut prévoir la fin, justement à cause de la soudaineté étrange avec laquelle les oueds les plus calmes et les plus secs se remplissent et sortent de leur lit.

L'oued El-Meleh (la rivière salée), qui prend sa source dans le Sakhra-el-Meleh ou Rocher de Sel, près et au nord de Djelfa, département d'Alger, est sans contredit la plus pacifique des rivières. Elle sort du Rocher de Sel par un étroit soupirail, et lentement, paisiblement elle court par petits filets ou *thalwegs*, larges d'une coudée, mêler ses eaux limoneuses aux eaux safranées du Chéliff. Un jour que nous visitions le Rocher de Sel et que nous nous faisions un jeu d'enjamber les filets dont nous parlons, un orage éclate, mais pas assez violent cependant pour que nous eussions à redouter aucun danger. Tout à coup, nous voyons l'eau s'élancer comme une furie, submerger les talus et envahir la plaine. Nous n'eûmes que le temps de fuir et de gagner une élévation du Rocher de Sel, d'où nous pûmes assister à la noyade d'une douzaine d'animaux appartenant au troupeau d'un indigène. Vingt minutes après, l'oued El-Meleh avait repris sa physionomie féline : il était sorti de ses habitudes juste le temps voulu pour asphyxier et détruire un troupeau... et mettre une famille indigène non pas sur la paille, ce qui eût été encore du luxe puisqu'ils couchent à terre, mais à la mendicité.

Ces sortes d'accidents se produisent, hélas! très fréquemment, plus spécialement en hiver; l'oued El-Meleh est un des mille exemples que nous pourrions citer.

Qu'on juge des malheurs que ces brusques inondations peuvent provoquer lorsqu'un oued traverse un village, une ferme ou passe à proximité.

Les oueds d'Algerie (nous hésitons à traiter de fleuves ceux qui se déversent dans la mer) ne donnent donc que fort peu d'eau ou bien pas du tout. Les plus importants comme le Chéliff, la Seybouse, le Mazafran, la Sumam, la Mafrague, etc., pourraient tout au plus supporter la comparaison avec la petite rivière de Bièvre ou l'Huveaune marseillaise. Sur les premiers, on a construit des barrages dont plusieurs comme celui du Sig, par exemple, ont coûté des sommes folles, mais qu'on ne doit pas regretter puisqu'ils servent à fertiliser des régions entières.

En dehors des barrages que l'État ou les départements se chargent d'entretenir, il serait bon d'encourager les colons à imiter les indigènes des oasis. On connaît le système, admirable de simplicité, employé par les habitants des ksours du M'zab et de la Tunisie. Quelques troncs d'arbres, quelques pierres et briques de terre cuite au soleil et mélangée de paille hachée font d'excellents barrages qui, renouvelés de distance en distance, retiennent fort bien les eaux en entravant la rapidité de leur course.

Il est vrai de dire que, peut-être, les colons n'auraient pas besoin de cette émulation si les trois quarts du temps la crainte de priver ou d'inonder leurs voisins ne les contraignait à user de ces sortes de barrages avec la plus grande circonspection.

Dans les régions absolument déshéritées, l'expérience a démontré qu'on peut atteindre des résultats surprenants par le forage de puits artésiens. Quelques-uns de nos officiers de l'armée d'Afrique ont obtenu, dans ce sens, des succès qui font honneur à leur dévouement et à leur perspicacité.

Le long séjour de M. Tirman à la tête de l'administration coloniale algérienne, les tournées qu'à cause de cela il a pu faire un peu partout, l'ont encouragé à persévérer dans cette voie, surtout en ce qui concerne le forage des puits artésiens de l'extrême sud.

La pacification du Mzab est due tout autant aux armes de nos braves soldats qu'à la dotation habilement pratiquée de tout ce qui est propre à contribuer à la prospérité d'un pays.

Comme conclusion, nous dirons que la somme des dégâts causée par les inondations, quoique fort onéreuse, est chose encore préférable à la disette d'eau. Et puis, avec beaucoup d'attention de la part des constructeurs, on peut éviter un nombre incalculable de catastrophes. Le barrage de l'Hamise n'est-il pas d'une stabilité exemplaire?

LES CHEMINS DE FER.

VI.

La création de nouvelles voies ferrées est pour l'Algérie une des choses les plus importantes de tout ce qu'il lui reste à acquérir de strictement nécessaire et indispensable.

Comme en France, la population de notre colonie africaine réclame à cor et à cri des chemins de fer. Bientôt un candidat à la députation ne pourra espérer les suffrages de ses électeurs qu'à la condition expresse de leur donner un joli chemin de fer tout neuf. On lui fait promettre aujourd'hui; demain on se fera payer d'avance. Nous avons connu tel député qui ne doit son fauteuil qu'à un chemin de fer, et tel autre dont on disait : « Je vous passe que c'est un brave homme, un homme capable, tout ce que vous voudrez; mais il ne nous a pas fait faire la ligne de Beni-Kouskous, ni raccorder le tronçon de Bou-Ratapoil. Pour cette fois il aura encore ma voix, mais gare à la prochaine... »

La question des voies ferrées est une de celles qui, comme celles des eaux et des routes, trouvent d'accord toutes les nuances politiques. M. B..., surnommé le Pierre l'Ermite du radicalisme algérien, un excellent homme, mais un terrible adversaire, s'échauffait au récit de ce qu'apporterait de prospérité la ligne Mouzaïa-Médéah; M. L..., partisan d'une opinion aujourd'hui à moitié morte, donnait une preuve de son amour pour le transit à vapeur en embrassant la carrière d'employé de chemin de fer. Un jour, à l'Alma, notre ami et confrère L. D... saluait respectueusement le passage d'une locomotive comme marque de sa profonde admiration de publiciste pour le génie de l'homme. — Il est vrai d'ajouter qu'il accomplissait, sac au dos, une période d'instruction de 28 jours.

Ne rions pas : l'Algérie, plus que nos départements français, a besoin de nouvelles voies ferrées. Nous donnons donc pleinement raison aux réclamants. La rapidité du transfert des marchandises est une condition *sine qua non* de vitalité commerciale dans un pays neuf surtout. D'où vient l'étendue des transactions et la richesse des Américains? tout simplement de la vélocité du transfert qui en rien de temps conduit d'une extrémité à l'autre et en tous sens les produits des différentes régions de la république. L'Amérique est depuis longtemps entrée dans la lutte commerciale que se livrent les plus fortes nations du globe, et elle y occupe une place des plus honorables. Ces résultats, elle les doit à la promptitude que met le gouvernement des États-Unis à innover et à répandre tout ce qui est susceptible de contribuer à la richesse du pays.

La vapeur est donc le dieu du jour; vivent les chemins de fer! Et puisque l'Algérie n'attend que cela pour entrer en lice, que tous nos efforts tendent à l'en doter.

Le charroi se meurt; tant pis pour lui.

Le charroi est non seulement d'une lenteur désespérante comme moyen de locomotion, mais il est encore un système des plus défectueux sur des routes qui, selon les saisons, sont poussiéreuses et brûlées par le soleil, ou couvertes d'ornières ou de neige.

Tout le monde connaît les avantages des voies ferrées.

Elles permettent, par tous les temps, et quelle que soit la saison, de transporter rapidement et les voyageurs et les marchandises. C'est là une chose considérable dans un pays où les distances entre les divers points sont relativement très grandes.

Au point de vue stratégique, personne ne niera les avantages incontestables qu'on tire des voies ferrées. En jetant les yeux sur la carte de notre colonie, on peut se rendre compte que si la construction des chemins de fer est lente, en revanche elle se dessine admirablement au point de vue commercial et stratégique simultanément.

En effet, de l'est à l'ouest, c'est-à-dire d'un bout à l'autre de notre possession africaine, une voie ferrée s'étend presque sans interruption notable aujourd'hui sur le parcours de près de 800 kilomètres qui sépare Oran de Tunis.

Cette voie, qui, d'Alger à Oran, est exploitée par le P. L. M. et d'Alger à Tunis par l'Est-Algérien, sert de clef pour ainsi dire à des embranchements qui prennent verticalement, dans chacun des trois départements, la direction du sud.

Le département de Constantine compte déjà une ligne de Philippeville à Batna et Biskra, grâce à la vigilance des ingénieurs de l'Est-Algérien. Celle du Kroubs à Bône par Guelma est en pleine activité; de même la ligne de Bône à Tunis par Souk-Ahras.

Le département d'Oran possède une autre ligne qui, partant de cette dernière ville, va aboutir à Méchéria; — une jolie distance.

Quant au département d'Alger, qui est le plus en retard, on commence à peine la voie ferrée qui doit relier Blidah à Médéah, et, dans un avenir plus éloigné, cette dernière sous-préfecture à... Laghouat, peut-être.

Si notre mémoire ne nous fait pas défaut, on compte actuellement en Algérie 1,695 kilomètres de voies ferrées qui se répartissent de la manière suivante : — 726 kilomètres pour le département de Constantine, — 640 pour celui d'Oran, — 345 pour le département d'Alger.

On remarquera que le département de Constantine est le mieux partagé, et celui d'Alger le moins.

D'où vient l'écart relativement considérable qui existe entre les deux départements voisins?

Dame! demandez-le aux Algériens. Sur dix que vous interroge-rez, vous obtiendrez facilement huit avis différents. Ils ne con-naissent qu'une seule chose : c'est qu'il leur faut des chemins de fer, et, seriez-vous le Saint-Esprit, et non un vulgaire député ou sénateur, vous êtes sûr de leur estime si vous les contentez; dans le cas contraire, allez à tous les diables !

Cette façon de penser est fort louable, mais il est aussi néces-saire d'examiner les difficultés ou les impossibilités. Nous mettons sur le compte des difficultés les retards apportés à la création de nouvelles voies ferrées dans le département d'Alger.

Qui n'a été témoin des obstacles effrayants qu'il a fallu surmon-ter pour établir cette partie seule de la ligne de l'Est-Algérien comprise entre Ménerville et Palestro? Qui n'a vu de ses propres yeux les travaux gigantesques auxquels va donner lieu la cons-truction de la ligne de Blidah à Médéah, à travers les fissures res-serrées et abruptes de l'Atlas ?

Le futur Sétif-Bougie direct n'est-il pas en instance depuis plu-sieurs années à cause de difficultés du même genre? Le Chabet, où serpente l'oued Agrioun, n'est pas plus commode à franchir que les gorges de Palestro. Le département d'Oran n'est pas plus exempt d'aspérités semblables.

Les Algériens sont plus méridionaux que nos Méridionaux; nous ne leur en ferons pas un crime. Bien au contraire, leur vivacité, leur ténacité est le plus sûr garant de ce qu'ils sauront être lors-que les mille moyens qui leur font défaut seront en leur posses-sion. On fait tout ce qu'on peut dans le département d'Alger, mais les obstacles matériels sont plus considérables que dans les deux autres départements. Alger est une fort belle ville qui s'embellit tous les jours, mais c'est la ville des obstacles. Qui que l'on soit, riche ou pauvre, on y rencontre des difficultés, et cependant sa population est par excellence amie des innovations. Voulez-vous embrasser une carrière quelconque, toutes les places sont prises; dé-sirez-vous une concession, le gouvernement ne peut vous envoyer qu'au delà de la Mitidjah, encore est-ce un tour de force lors-qu'il peut vous installer à Boghar, Aïn-Bessem ou Téniet-el-Haâd

Alger capitale ne songe peut-être que trop à elle au détriment de l'intérieur, et pourtant elle se refuse bien des choses. C'est ainsi que toute la grande activité de M. de Redon s'est émoussée, sans qu'il soit découragé pour cela, au contact des refus d'une municipalité qui admire ses projets de transformation et n'en veut ou peut rien faire. La gare d'Alger étouffe entre les voûtes du boulevard de la République et la mer; deux administrations occupent un même local; que serait-ce s'il en survenait une troisième, une quatrième? Le plan de M. de Redon simplifiait tout cela, diminuait les obstacles et dotait Alger de deux gares, et même davantage si on l'eût voulu. Alger est gouvernementale et balnéaire; c'est l'*urbs* romaine à laquelle suffit pour croître et embellir tout le monde de fonctionnaires qu'elle renferme dans son enceinte. Il est bien permis d'être un peu égoïste quand on est sûr du lendemain, tandis que dans les départements d'Oran et de Constantine les grandes villes font une cour assidue aux petites; on partage un peu fraternellement, car les éléments de prospérité des premières dépendent de la vitalité des secondes.

Pour éviter que l'on ne nous accuse d'avoir adopté toutes les allures d'un indicateur, nous nous bornerons à dire quelques mots sur les deux systèmes mis en présence comme étant plus économiques ou plus dispendieux : les lignes à voie large et celles à voie étroite.

Nous avons connu tels de nos connaissances qui se fussent pris aux cheveux pour assurer la prédominance de leur système. C'était une façon assez vive d'affirmer ses opinions; mais nous l'avons dit, les Algériens sont plus méridionaux que nos Méridionaux.

Les connaissances techniques nous faisant défaut, nous préférons nous en rapporter à l'opinion du plus grand nombre des Algériens autorisés en cette matière. La ligne à voie étroite, disent ceux-ci, a non seulement, sur sa rivale à voie large, l'avantage de faire réaliser d'importantes économies, elle a encore celui de nécessiter moins de travail et de pouvoir se frayer plus commodément un passage dans les endroits les plus difficiles. Quant aux accidents, une longue pratique a démontré qu'ils ne sont pas plus à craindre sur l'une ou sur l'autre voie et que des garages habilement disposés sont suffisants pour les éviter. Si ces lignes tombent sous les yeux du jeune et savant professeur d'agriculture de Rouïba, M. Barbier, il pourra juger que notre opinion sur ce point n'a pas changé, malgré les furibondes réfutations qu'il introduisait dans nos conversations. M. Barbier était un chaud défenseur des lignes à voie large, et parvenait parfois, mais par surprise, à nous faire admettre qu'il avait raison, parce qu'il était fermement convaincu.

Après cela, il est bien possible que notre raisonnement ne soit pas très juste; mais ce qui nous console, c'est que nous nous trouvons sur ce point en nombreuse compagnie.

Toutes les lignes ferrées d'Algérie, sans en excepter une seule, sont à voie étroite : c'est donc qu'on en a reconnu la supériorité en haut lieu.

LA COLONIE SUISSE DE SÉTIF.

VII.

Pendant de longues années, on a critiqué avec véhémence, et parfois au delà des limites permises, la cession de terres faite, dans l'arrondissement de Sétif, à une colonie suisse.

Aujourd'hui, les violences de langage se sont calmées, les colons vivent dans un accord parfait avec cette colonie, et tous reconnaissent que ce voisinage est ce qu'ils pouvaient désirer de mieux et de plus conforme à leurs intérêts.

Car, malgré l'exaltation qu'ont les populations européennes de l'arrondissement de Sétif pour leurs dieux lares, ou, si l'on préfère, pour leur territoire et aussi pour Sétif, pour lequel ils rêvent les plus fastueuses destinées, il faut avouer, pour être impartial, que cette ville est trop éloignée de tout centre pour devenir la préfecture si chère à leurs cœurs.

Donner à Sétif l'allure animée et la faconde commerciale de Constantine, ce serait vouloir faire de Biskra ou de Msila le chef-lieu du département actuel de l'est. — On l'a essayé, du reste, à une époque où l'on voyait tout en rose et où l'on n'attendait plus que la création des voies ferrées, ce nouveau palladium de la vitalité commerciale.

Aujourd'hui que les voies ferrées existent en partie et que les routes s'ajoutent aux routes déjà créées, on a jugé que Sétif ne sera jamais qu'une étape entre Alger et Constantine, un lieu de passage sur cet immense sentier transversal de fer qui relie Oran, voire même, dans un avenir peu éloigné, le Maroc à Tunis et à son territoire.

Nous avons été aussi un de ceux qui admiraient, les yeux fermés, en toute confiance, le brillant avenir réservé à cette capitale de l'ancienne Mauritanie Sétifienne; mais alors nous voyions les choses à travers un prisme par trop flatteur.

En ce qui concerne la voirie, l'arrondissement de Sétif n'a plus guère à demander, hormis dans ses parties extrêmes. Les routes d'Alger et de Constantine à l'ouest et à l'est, celles de Bougie et de Biskra au nord et au sud, suffisent amplement à son charroi, qui, du reste, est insignifiant depuis la création du chemin de fer. Les entretenir dans un état de viabilité convenable est pour longtemps, pensons-nous, l'unique besogne réservée aux ponts et chaussées. Le Sétif-Bougie direct, à la création duquel MM. Treille et Thomson se sont dévoués, et en faveur duquel nous-même avons brisé plusieurs lances, sera sans doute une excellente création, mais il ne donnera pas au chef-lieu d'arrondissement toute la prospérité qu'on en attend. C'est peut-être parce qu'à la Chambre on pense un peu comme nous que le projet du Sétif-Bougie direct rencontre tant de difficultés de toutes espèces. Par ces temps d'incrédulité parlementaire, Pitho, déesse de la persuasion, serait d'un faible secours à nos représentants algériens. Alger, Constantine et Bougie sont appelées à tout attirer à elles, et Sétif ne sera qu'un couloir qu'on traversera rapidement et où l'on ne s'arrêtera que tout juste pour vendre ses produits.

La voie du Sud n'est-elle pas encore à établir? Et puis le ferait-on, où irait aboutir, de ce côté, un chemin de fer? à Batna? Mais cette dernière ville a tout avantage à se diriger sur Constantine par El-Guerah. Les relations commerciales seraient donc de toutes façons de maigre importance.

N'iront à Sétif, de Bougie ou de tout autre point, que ceux qui y auront absolument besoin. Car où aller de là? dans le Sud? La route de Biskra est sans attraits; et puis, s'il faut de toute nécessité s'aller perdre dans le Sud, rapidement on abandonne Sétif pour aller faire un chemin peut-être un peu plus long, mais assurément beaucoup plus agréable et moins fatiguant. Moins fatiguant, pour la raison toute simple que la ligne ferrée d'El-Guerah-Batna passe à travers un pays qui, au moins de distance en distance, vous offre le spectacle de terres habitées, partant susceptibles d'être exploitées plus avantageusement. La ligne du Sud est déjà indiquée, et Batna, on le sait, en est la voie la plus rapide et la plus directe, et celle qui donnera un rendement immédiat.

Tandis que les centres de population européenne sont encore à créer entre Sétif et Biskra, le grand-central du département de Constantine est déjà jalonné de villages, et ce sans discontinuité de Philippeville à Biskra.

On a invoqué pour Sétif les éléments qui ont fait sa prospérité à l'époque romaine; aujourd'hui la situation a changé, ces éléments ne sont plus les mêmes et la vapeur a fait déserter les routes.

Loin de nous la pensée d'écrire que l'arrondissement de Sétif a suffisamment de routes pour son faible charroi; nous sommes au contraire de cet avis qu'il est nécessaire d'en créer d'autres pour satisfaire aux nécessités purement locales. Cela est un peu du ressort de certains conseillers généraux dont la nomination a été une erreur de la volonté populaire. Comme on veut être servi, on doit choisir son serviteur. Sétif est fort à plaindre sous ce rapport.

Le rôle de Sétif est borné et se bornera dans l'avenir à la centralisation des produits, très importants, de son arrondissement, pour de là les écouler, selon les besoins, par Bougie, Constantine ou Alger.

Être une belle et riche ville sans mouvement, voilà l'avenir de Sétif, avenir auquel elle prélude déjà : on peut s'en assurer en allant y faire un court séjour. M. Onésime Reclus a dit, dans sa *Géographie de l'Algérie*, que Djelfa était le Versailles de Laghouat; cette appellation serait pour le moins aussi exacte en ce qui concerne Sétif par rapport à Constantine, et bientôt peut-être par rapport à Bougie, qui de jour en jour prend de l'extension.

Cette longue digression était nécessaire pour faire ressortir comme elle le mérite l'action bienfaisante que l'établissement de la colonie suisse exerce dans l'arrondissement de Sétif.

Nous ne craignons pas d'affirmer que la présence de la colonie suisse est pour beaucoup, pour au moins les trois quarts, dans le mouvement commercial du susdit arrondissement.

Là où quelques colons n'auraient pu réussir avec d'énormes sacrifices, une société agricole sérieuse a fait d'un pays désert un vaste territoire de production. Dans ce territoire, elle a établi des fermes en très grand nombre; elle l'a peuplé, dans une sage mesure, d'Européens et d'indigènes qui sont autant les gardiens de la propriété d'autrui qu'ils sauvegardent les biens mêmes de la colonie suisse.

En dehors de ce voisinage salutaire, la colonie suisse use de toutes sortes de prévenances vis-à-vis de la population française. On serait donc mal venu de l'accuser, comme on l'a fait, de se livrer à une exploitation nuisible aux intérêts de l'arrondissement de Sétif. Bien au contraire, elle aide les colons, ses voisins, en favorisant l'écoulement de leurs produits.

En ce qui concerne l'argent qu'elle dépense sur les lieux de son exploitation, c'est annuellement une somme de près de 100,000 fr. qu'elle laisse au commerce local.

Chaque année, la colonie suisse publie un rapport sur son administration. On peut s'y rendre compte que cette dépense de 100,000 francs dont nous parlons ci-dessus est faite toute en vue d'augmenter la prospérité de Sétif. Ce sont des dons à toutes les sociétés (il y en a trois à Sétif), au comice agricole, qui ne sert pas à grand'chose, étant donné qu'il ne fait rien du tout et qu'il n'est d'aucun secours pour l'agriculture; des abonnements aux journaux, qui, hélas! ne vivent guère dans l'antique métropole du froment; des frais d'illumination pour la fête nationale, de timbres, dépêches, etc., etc. De plus, la société achète sur les lieux tous les objets dont elle a besoin et qu'elle peut y trouver.

Quant à son personnel, on ne saurait lui reprocher de favoriser ses nationaux. En effet, l'administration locale de la compagnie suisse compte *neuf employés, quinze gardes champêtres européens* et *quinze gardes champêtres indigènes*. A notre connaissance, pas un seul Suisse n'est compris ou ne s'ajoute à ce chiffre de *trente-neuf* employés, seul personnel de la colonie.

Le traitement des Européens est supérieur à celui des indigènes, qui, comme on le sait, vivent avec beaucoup de frugalité. La somme totale des appointements de ce personnel, Européens et indigènes, dépasse 70,000 francs.

La colonie assure donc l'existence, dans l'arrondissement de Sétif, à une trentaine de familles et plus, réparties dans vingt-deux fermes ou localités.

En dehors de tous ces avantages dont Sétif est redevable à la Compagnie Génevoise, la colonisation algérienne lui doit de posséder plus de 15,000 hectares cultivés avec la plus grande intelligence.

Dans quelques excursions que nous nous sommes permises sur les terres de la colonie suisse, nous n'avons jamais eu, chaque fois, assez d'expressions pour dépeindre notre admiration. Tout est d'un entretien admirable depuis les gras pâturages des rives du Boû-Sellam jusqu'aux pépinières pleines d'avenir des amandiers de Goussimet.

On le voit, loin de nuire à la prospérité de Sétif, l'établissement de la colonie suisse contribue au contraire à lui donner une activité commerciale que n'aurait certainement pas sans elle ce chef-lieu d'arrondissement. Enlevez à Sétif la troupe et tout le personnel administratif qu'y retient la sous-préfecture, cette petite cité tombera au quatrième dessous dans la liste de nos bourgs algériens ; lui enlever la colonie suisse serait une calamité.

LES CÉRÉALES.
LE PROTECTIONNISME ET LE LIBRE-ÉCHANGE.

VIII.

Le protectionnisme et le libre-échange se livrent depuis deux ou trois ans surtout une lutte terrible.

Qui peut prévoir ce qui sortira de tout le bruit qui se fait autour de la question des céréales? Les opinions à ce sujet sont tellement partagées qu'on a peine à s'y reconnaître.

En France, le Nord est protectionniste ; le Midi, Marseille plus spécialement, est libre-échangiste à outrance. Nous nous demandons avec anxiété quelle détermination prendra le gouvernement, et il lui faudra prendre une détermination, malgré ses mesures déjà prises.

Les esprits impartiaux, nous entendons par là tous ceux qui ne pensent qu'à ce qui peut conjurer la ruine de l'agriculture française, les esprits impartiaux, disons-nous, nous ont prouvé, comme 2 et 2 font 4, que la concurrence étrangère avilit les cours de nos marchés. Ce qu'il y a de positif et ce que nul ne saurait nier, c'est que le prix de vente est inférieur au prix de revient, et que nos agriculteurs, en vendant leur blé, ne rentrent même pas dans leurs débours.

Les agronomes qui ont plus de science que de pratique auront beau alléguer, dans des harangues libre-échangistes, que la culture intensive pourrait, en augmentant les produits, amener une diminution sur le prix de revient, nous ne pensons pas que les engrais chimiques et les semences de céréales exotiques soient un palliatif suffisant pour atténuer les effets du chancre qui dévore notre agriculture nationale.

Au reste, nous ne sommes pas les seuls de cet avis, car les différentes commissions qui ont eu à statuer sur ce sujet ont reconnu l'impuissance du remède en face d'un mal qui ne peut être nié.

Deux camps sont donc en présence, et nous aimons à le croire, chacun dans l'intérêt du pays.

Le gouvernement se déclarera-t-il pour ou contre? favorisera-t-il le Midi au détriment du Nord, et *vice versa?*

Le gouvernement ne peut raisonnablement faire ni l'un ni l'autre, et cependant il est nécessaire qu'il se prononce au plus tôt sur cette question si importante des céréales.

L'expectative ou des moyens abortifs laisseraient toujours en souffrance les intérêts agricoles du pays.

M. Clovis Hugues, le jeune député des Bouches-du-Rhône, est à la tête du mouvement qui réclame le libre-échange. C'est donc tout simplement une question de clocher, ou, pour parler plus respectueusement, une question d'intérêts locaux.

Car, disons-le en toute sincérité, ce qui est réclamé pour le Midi peut être une excellente chose, fort mauvaise pour le Nord et désastreuse pour nos colonies.

Nous comprenons parfaitement les raisons qui font le commerce marseillais libre-échangiste. Cette ville importante ne vit que par son port où elle a tout intérêt à y attirer par conséquent les produits de toutes les régions du globe. Le libre-échange favorisera cette fréquentation nécessaire à sa fortune, tandis que le protectionnisme produirait un effet contraire. Il est de fait que l'activité commerciale est moins grande à Marseille depuis les différents votes des Chambres favorables au protectionnisme.

Mais est-il bien prouvé que le Midi tout entier soit libre-échangiste, et ne devons-nous pas plutôt croire que Marseille seule impose son opinion aux régions qui l'environnent? Les producteurs ne sont pas les négociants, et ni les uns ni les autres ne font leur fortune par les mêmes procédés. Qu'importe au négociant que les produits qui ne font que traverser ses magasins lui viennent d'un endroit plutôt que d'un autre? la seule chose qu'il appréhende, ce serait de ne pouvoir les écouler sans gros bénéfices. La situation du producteur est-elle la même? — non, mille fois non. Si ces deux classes sont également intéressantes, l'une mérite néanmoins qu'on s'y intéresse davantage. C'est ce qui nous fait dire que le libre-échangiste est dans les villes et le protectionniste à la campagne.

La lutte est engagée entre les champs et la ville, entre le paysan et le citadin; le Nord néanmoins prend souci des intérêts agricoles et se déclare protectionniste, comme l'Algérie et toutes nos colonies.

A cela que dire? que faire? Le gouvernement est donc dans cette situation de se déclarer ou libre-échangiste ou protectionniste, ou pour les uns et les autres, ce qui serait un vrai jugement de Salomon.

D'aucuns ont dit : Le gouvernement ne sortira de cette impasse qu'en accordant à chaque région une loi spéciale. Ainsi le veulent les intérêts agricoles de chacune; si c'est là une mesure déplorable, c'est encore ce qu'il y aura de plus sensé.

Le Nord est protectionniste ainsi que les colonies, et le Midi est libre-échangiste; soit, accordons à chacun ce qu'il réclame, mais, bien entendu, dans une mesure qui ne lèse en rien l'intérêt général. Nous le répétons, c'est le jugement équitable de Salomon partageant un enfant en deux pour contenter les deux parties.

Telle a été cependant l'opinion d'un grand nombre de députés, du cabinet de Freycinet, et celle de M. Méline.

On se souvient de la réponse du président de la commission

des céréales aux délégués marseillais : « Si Marseille est libre-échangiste, disait M. Méline, il y a aussi des intérêts qui méritent d'être protégés. Il faut établir une juste limite pour accorder à chacun ce qui lui est nécessaire. »

Il ressort de ces paroles qu'on cherchera à contenter tout le monde. C'est parler d'or, mais est-ce bien pratique ?

Plusieurs de nos confrères de la métropole proposent le protectionnisme rationnel comme seul moyen de donner une solution à cette éternelle question des céréales. — Cette idée, qui a fait aussi son chemin en Algérie grâce à la campagne entreprise par M. Jules Richard, du *Zéramna*, est celle du gouvernement. A ce titre, devrions-nous être accusé d'exclusivisme, d'égoïsme même, nous réclamerons pour l'Algérie des lois entièrement protectionnistes. Et c'est là ce qu'on pourra faire de plus raisonnable pour la prospérité de notre colonie.

Mais si le gouvernement, qui est protectionniste rationnel, devait favoriser les libre-échangistes en cédant aux conseils de ces derniers, on pourrait dire que de ce jour-là le commerce algérien succomberait devant les bas prix de la concurrence étrangère. S'il faut en passer par le protectionnisme rationnel ; soit, mais accordons à chacun ce qu'il demande. Ce sera pour l'Algérie un palliatif à un mal qui serait beaucoup plus grand sous le régime du libre-échange.

La députation algérienne a bien compris les intérêts qui lui ont été confiés, et elle sait dans quel sens ses votes seront favorables au développement de l'agriculture.

On se souvient de l'enthousiasme qui accueillit en Algérie la loi de 1885 ; rapporter cette loi serait une aberration que nous ne laisserons jamais commettre à M. Clovis Hugues et à ses amis libre-échangistes.

La loi de 1885, très favorable à nos départements algériens, a maintenu les cours du marché français de o fr. 90 au-dessus des prix auxquels ils seraient tombés sans elle, et le prix du pain est moins élevé qu'auparavant. Donc, ce que le producteur aurait perdu, le consommateur ne l'aurait pas gagné. Et l'expérience est décisive. En assurant aux agriculteurs l'écoulement rémunérateur de leurs produits, on supprime des courtages, des spéculations avantageuses pour les intermédiaires, et l'on ne grève en rien le budget des travailleurs.

Comme, d'autre part, la prospérité de l'agriculture contribue à celle de l'industrie, il est évident que la cause des colons et du capital foncier ne saurait être en antagonisme avec les intérêts des ouvriers et du capital usinier. Terminons par ces quelques lignes puisées dans un journal marseillais :

L'importation des blés à Marseille pendant les six premiers mois de cette année s'est élevée à 1,983,452 quintaux métriques, dont 776,151 quintaux métriques de la Russie (mer Noire), 466,176 des Indes anglaises, 121,706 des États-Unis, 110,049 de la Turquie, 446,449 de l'Algérie, et le reste de divers autres pays. Nous signalons avec satisfaction les arrivages considérables de l'Algérie, qui atteignent presque le chiffre de ceux des Indes. Voilà qui prouve surabondamment que l'Algérie ne reste pas stationnaire et que bientôt elle tiendra tête à la concurrence étrangère pour peu que le gouvernement fasse cas de ses justes réclamations.

N'oublions pas que si tous ont besoin d'être protégés, le colon doit être l'objet d'une sollicitude peut-être plus grande de la part du gouvernement que le monde spéculateur. Le gouvernement, en ce qui concerne la question des céréales, ne saurait plus longtemps se renfermer dans un système qui le placerait dans la situation de l'âne de Buridan.

LA SUPPRESSION
DU GOUVERNEUR GÉNÉRAL DE L'ALGÉRIE.

IX.

La suppression du gouverneur général de l'Algérie est une question qui fait son chemin. Depuis longtemps déjà quelques organes de la presse transméditerranéenne en parlaient, et aujourd'hui voilà que les confrères de la métropole reprennent ce thème que les premiers semblaient avoir abandonné. Qu'ont fait les gouverneurs qui se sont succédé à la tête de l'administration algérienne? — Leur maintien est-il nécessaire, ou leur suppression est-elle opportune? Telles sont les différentes questions qu'il faut étudier avant de se décider dans un sens ou dans l'autre, c'est-à-dire pour ou contre la suppression.

Il se produit en ce moment, en France, un courant vers les réformes que le gouvernement de la République, d'accord en cela avec la masse des citoyens, encourage de tout son pouvoir : suppression des sinécures, suppression de certaines sous-préfectures, réduction des gros appointements, suppression du budget des cultes, etc., etc., toutes choses auxquelles nous devons applaudir, si elles sont pratiquées avec sagesse et si elles doivent rejeter vers le commerce et l'industrie, hélas! trop en souffrance, une infinité de bras et d'intelligences. Le fonctionnarisme est peut-être une des plus grandes plaies sociales lorsqu'il y a excès, car il cause la désertion des campagnes et s'engraisse aux dépens du travailleur.

Il était tout naturel que l'autorité civile succédât à l'autorité militaire, en Algérie, lorsque celle-ci eut terminé sa tâche de pacification. On trouvait cette substitution hâtive il y a quinze ou seize ans, mais aujourd'hui, en présence des résultats acquis, on trouve que l'on a bien fait. On nomma des gouverneurs civils qui, selon leurs capacités, encouragèrent plus ou moins la colonisation. Actuellement la colonisation suit une marche ascensionnelle, quoique lente, mais elle est assez affermie pour qu'on ne puisse plus s'expliquer cette anomalie de deux pouvoirs civils dans une même administration. A notre avis, ces deux pouvoirs, poursuivant un but identique, se nuisent réciproquement. Puisque l'on a jugé l'Algérie assez mûre pour l'assimilation à la mère patrie, pourquoi conserver un gouverneur avec tout son cortège d'employés qui ne font en quelque sorte que contrôler, bien inutilement, la besogne des préfets?

Voulez-vous des économies? — en voilà! Point n'est besoin d'un intermédiaire grassement rétribué entre le ministère de l'intérieur et les préfets. Ces derniers suffiront amplement à assurer le fonctionnement des rouages administratifs. Si vous perdez un pachalic, vous y gagnerez une somme assez ronde et qui mérite considération.

Si vous avez des scrupules, si vous pensez qu'il faille à l'administration algérienne un personnel plus nombreux, dotez l'Algérie des sous-préfectures que vous supprimez en France. Au moins, si dans ce cas vous ne réalisez pas d'économies, vous assurerez l'existence d'autant de petits centres algériens que vous aurez créé de sous-préfectures.

Est-ce la peur de causer des embarras aux sous-préfets qui a été la cause que le gouvernement a reculé dans sa réforme? — non. Il a envisagé tout simplement qu'en enlevant toutes ces succursales préfectorales aux petites villes qui les possèdent, il les dépeuplerait d'un élément vital important. Autant de fonctionnaires, autant presque de familles qui mangent, logent, s'amusent, travaillent, et qui de ce fait concourent à l'écoulement des produits locaux et à la prospérité du pays.

Eh bien, si vous ne voulez pas supprimer brutalement le personnel qui entoure le grand bachagha algérien, mettez ailleurs ce grand dignitaire et répartissez, déversez dans l'intérieur de la colonie tout ce monde d'employés. Dans les différents postes où vous les placerez, en même temps que vous épargnerez leurs intérêts, vous assurerez ceux des petites villes où vous les aurez envoyés. Nous le répétons, l'Algérie est prête pour cette réforme et elle la souhaite ardemment.

FIN.

TABLE

Pages.